AF452971

LA BANQUE DE FRANCE,

CONSIDÉREE

COMME L'AGENT PRINCIPAL

DE LA BALANCE

ENTRE PARIS ET LES DÉPARTEMENTS;

OU

PLAN D'OPÉRATIONS

PROPRES A ÉTENDRE LA LIBRE CIRCULATION DU BILLET DE BANQUE

SUR TOUS LES POINTS DE L'EMPIRE.

LA BANQUE DE FRANCE,

CONSIDÉRÉE

COMME L'AGENT PRINCIPAL

DE LA BALANCE

ENTRE PARIS ET LES DÉPARTEMENTS;

OU

PLAN D'OPÉRATIONS

PROPRES A ÉTENDRE LA LIBRE CIRCULATION DU BILLET DE BANQUE
SUR TOUS LES POINTS DE L'EMPIRE.

PAR TIOLIER, DE CLERMONT-FERRAND,
BANQUIER, A PARIS.

> Une opération qui rend inutile l'intervention
> du signe, est un grand moyen d'aisance et de
> prospérité.   Chap. IV, pag. 9.

A PARIS,

DE L'IMPRIMERIE DE P. DIDOT L'AINÉ.

Ier AVRIL M. DCCCVI.

INTRODUCTION.

Lᴇ but de cet ouvrage, est de démontrer la possibilité d'étendre la circulation du billet de Banque sur tous les points de l'Empire, par l'effet d'une suite d'opérations qui assureroient au papier sur Paris, comme moyen de transport des provinces ou départements, à la capitale, un excédent de valeur sur le numéraire lui-même.

Le billet de Banque, hors de l'enceinte de la capitale, ne pourroit plus être considéré comme numéraire, par l'effet de la distance qui existeroit entre le lieu où il auroit cours, et celui où l'échange pourroit être consommé ; dans ce cas, ce billet est essentiellement une promesse de payer à Paris, au porteur et à vue, souscrite par le premier établissement de Banque de l'Empire.

Cette dénomination, sous laquelle le billet de Banque seroit nécessairement considéré, dès l'instant où il s'éloigneroit du centre, ou du lieu où repose sa valeur en numéraire, le soumettroit au cours

des effets de commerce payables, comme lui-même,
à Paris et à vue.

Si, par l'effet de la direction qui seroit assignée
au produit des recouvrements que la Banque auroit
fait opérer dans la province, le papier sur Paris ob-
tenoit un excédent de valeur sur le numéraire lui-
même, égal au prix du transport du lieu du départ,
à la capitale ; le billet de Banque, *papier sur Paris
par le fait*, seroit appelé à jouir de ce même avantage.

Pour que le capital de la Banque, fût en rapport
avec la masse de billets, dont l'émission seroit la
conséquence de l'établissement de ce système, il
seroit à propos qu'il fût porté à une somme plus
considérable.

Cette nouvelle force ajoutée au capital de la Banque, fourniroit en outre à cet établissement, les
moyens de soutenir le cours des obligations des Receveurs-Généraux, et de prélever, sur ce même capital, la valeur de la portion de ces mêmes obligations,
qui lui seroit nécessaire pour assurer le succès du
plan d'opérations qui sera développé dans le cours
de cet ouvrage.

La somme donnée, en échange de l'obligation d'un

Receveur-Général, est une avance qui doit être remboursée par la province où le paiement de cette même obligation doit être exécuté.

Si cette province fait elle-même des avances à la Banque, en admettant ses billets comme signe ou représentants du signe, le prêt sera réciproque, et se balancera par lui-même.

Si la province, dont il est question, n'admet pas le billet de Banque comme valeur représentative du numéraire, d'une maniere plus ou moins immédiate, et que cet établissement paie d'avance les obligations du Receveur-Général, essentiellement dues par cette même province; l'égalité d'action, qui doit exister entre la Banque et les porteurs de ses billets, sera rompue: la Banque aura prêté sur son capital, et non sur son crédit, puisque ses billets ne seront pas dans le cas d'être appliqués à solder l'engagement contre lequel leur émission auroit eu lieu.

Ce rapprochement démontre que l'obligation des Receveurs-Généraux ne peut être escomptée par la Banque qu'en proportion de son capital, et que l'emploi du crédit sera presque nul, dans cette opération, jusqu'à ce que les billets de cet établissement, soient répandus sur les diverses places de l'Empire, où le paiement de ces mêmes obligations doit être effectué.

En attendant que la Banque soit parvenue à ce degré de prospérité, la portion des obligations des Receveurs-Généraux, dont cet établissement ne pourroit pas fournir la valeur, sans porter une trop forte atteinte à son capital, doit être négociée sur les places de l'Empire, où cette opération peut avoir lieu, et les retours du produit, exigés en effets de commerce, payables dans l'enceinte de la capitale.

Le placement de ces valeurs sera assuré, et la négociation en sera facile, si le bénéfice qui doit résulter de l'escompte, présente un avantage, ou une prime sur le prix que la Banque perçoit elle-même pour l'escompte des effets de commerce.

Si la Banque fixe le prix de ses escomptes à quatre pour cent, par an, l'obligation peut avoir cours sous la perte de six pour cent. (1)

(1). Si la Banque opere avec les provinces, de maniere à ce que son billet soit continuellement repoussé vers le centre, l'influence que cet établissement aura sur le cours de l'intérêt, sera borné aux transactions commerciales de cette ville.

En ce cas, il y auroit imprudence à offrir un escompte dont le prix présenteroit une trop grande différence avec le cours de l'intérêt sur les autres places de l'Empire.

Si le capital de la Banque est le grain destiné à se multiplier par lui-même, et

Si le prix de l'escompte du papier sur Paris, est maintenu par la Banque à six pour cent, par an, la perte sur l'obligation doit être de neuf pour cent, pour ce même laps de temps. (1)

Si cette proportion n'est pas conservée, il n'existera aucun avantage à offrir à l'escompte de la Banque, du papier sur place, pour employer le produit à acquérir des obligations.

que, par la direction qui seroit donnée à l'excédent de richesses, suite de ce développement, les provinces fussent appelées à profiter de ce bienfait, la Banque pourroit réduire progressivement le taux de ses escomptes, jusqu'au niveau du produit des propriétés foncières.

(1) Cet excédent de bénéfice, dont jouiroit la Banque sur le taux ordinaire de ses escomptes ou avances, pourroit remplacer la provision attachée à l'exécution du service qui lui auroit été confié.

En admettant que cette provision fut fixée à un pour cent, un compte qui s'élèveroit à six cents millions, donneroit lieu à une dépense du gouvernement, au profit de la Banque, qui seroit de six millions.

Cette somme de six millions est en rapport avec l'excédent du quart pour cent, par mois, sur le prix de l'escompte des six cents millions, pendant quatre mois, ou de trois cents millions, pendant huit mois.

D'après ce rapprochement, les frais à supporter par le gouvernement, sembleroient ne pas devoir éprouver d'augmentation, et la masse en seroit répartie sur l'ensemble du commerce de France.

La dépense que fait le gouvernement, dans l'intérieur de l'Empire, est un prêt, que le Souverain fait à son peuple. Dans le cas dont il s'agit, ce prêt seroit rendu, comme la terre rend la semence qui lui a été confiée.

Dans ce même cas, les négociants des provinces n'auront aucun intérêt à faire usage de leur crédit pour créer ce même papier.

Si l'avantage qui doit résulter de l'escompte de l'obligation n'excede pas la perte qui seroit supportée pour se procurer les fonds nécessaires à son acquisition, tout le poids des avances à faire sur ces valeurs pesera sur le capital de la Banque.

La partie la plus considérable de la masse des billets de la Banque en circulation doit être appuyée, sur l'existence du papier sur Paris, dans le portefeuille de cet établissement.

La Banque, dans ses opérations, doit avoir le double but de se créer des débiteurs autour d'elle, et de repousser, le plus loin possible, d'elle-même, ou du centre, son propre billet.

Le papier sur Paris, escompté par la Banque, remplit la premiere de ces indications.

Le produit de ce même papier, qui seroit expédié, en billets de Banque, aux négociants des provinces, pour le compte desquels l'opération auroit eu lieu, par l'entremise de leurs correspondants à Paris, rempliroit le second objet que cet établissement doit se proposer.

Si le produit du papier sur Paris, escompté par la Banque, est expédié à la province en especes, et non en billets, le prêt ou l'avance aura lieu sur le capital, et non sur le crédit de cet établissement.

Si le cours du billet de Banque ne s'étend pas au-delà de l'enceinte de la capitale, la somme de ces mêmes billets que cet établissement pourra soutenir en circulation, sera bornée à la quantité en rapport avec la masse des opérations du *commerce intérieur* de cette cité.

Un échange continuel de billets de Banque contre des valeurs sur la capitale, qui s'établiroit entre Paris et les provinces, donneroit lieu à une émission de billets en rapport avec la masse des opérations du *commerce général* de l'Empire.

La Banque, par cette opération, auroit prêté aux provinces son propre billet; les provinces auroient prêté à la Banque le titre de leurs créances sur la capitale.

Ce prêt réciproque, ou cet échange de crédit, constitue le système des Banques.

N. B. Depuis quelques années la Banque a adopté
un système d'opérations d'après lequel ses Agents,
sur chacune des places chefs-lieux des départements,
lui font, en numéraire, l'expédition des sommes
dont ils sont chargés d'opérer le recouvrement.

Les principes en opposition avec ce système, et
les conséquences qui ont dû être la suite de son exécution, sont développés dans le cours de cet ouvrage.

LA BANQUE DE FRANCE

CONSIDÉRÉE

COMME L'AGENT PRINCIPAL

DE LA BALANCE

ENTRE PARIS ET LES DÉPARTEMENTS.

OU

PLAN D'OPÉRATION PROPRE A ÉTENDRE LA LIBRE CIRCULATION DU
BILLET DE BANQUE SUR TOUS LES POINTS DE L'EMPIRE.

CHAPITRE PREMIER.

Equilibre ou repos du numéraire, résultat de la balance entre
les diverses places de l'Empire.

Le numéraire qui circule sur les diverses places de l'Empire a une tendance continuelle à se mettre en équilibre avec lui-même.

Cette tendance du numéraire à se niveler avec lui-même,

n'est autre chose que le résultat de la disposition de chaque individu à attirer à lui la portion de ce même numéraire à laquelle il a droit.

Si la balance s'établit entre les diverses places par la négociation des effets de commerce, il n'y aura pas déplacement d'especes.

Le transport du numéraire ne doit avoir lieu que dans le cas où la place qui doit, ne peut plus fournir d'effets sur celle à qui il est dû; ou bien dans le cas où l'excédent de valeur qui seroit attaché au papier sur la place créanciere, outrepasseroit le prix du transport.

Cette derniere circonstance indique l'instant où le déplacement du numéraire est devenu indispensable pour que la balance s'effectue.

Si le papier sur Paris étoit abondant sur une place de l'intérieur, et que le produit de la créance de la capitale sur cette même place fût adressé à Paris, en numéraire, le cours du papier sur cette derniere ville diminueroit de valeur, en proportion des frais qui seroient nécessaires pour se procurer le retour des especes dont l'expédition eût été faite mal-à-propos.

Une opération de banque, qui donne lieu à un double déplacement d'especes, est en opposition avec l'aisance et l'intérêt public.

L'aisance publique est le résultat de l'abondance du signe.

Une interruption de jouissance du signe, est égale pour le résultat, pendant le temps de sa durée, à une diminution *effective* de la quantité de ce même signe.

CHAPITRE II.

Papier sur Paris en circulation dans les départements.

L e papier sur Paris, qui circule dans les provinces, est le titre de l'action que les négociants de ces mêmes provinces ont à exercer contre le numéraire de la capitale.

Les engagements des négociants de Paris représentent la valeur des denrées ou marchandises qui leur sont expédiées par les provinces ou par l'étranger (1).

Ces effets sont répandus en proportion du nombre et de la prospérité des manufactures; de la quantité de denrées ou de matières premières dont la province a pu faire l'exportation à l'étranger, ou l'envoi à Paris.

La facilité avec laquelle ce papier se négocie sur les diverses places de l'Empire, est la mesure de l'aisance publique.

(1) Les effets sur la capitale, dont l'origine vient d'être indiquée, sont les seuls dont la masse exerce une influence réelle sur le solde de la balance entre Paris et les départements.

Les lettres de change sur la capitale, créées en vertu de crédits réciproques ou particuliers; les billets ou promesses de payer au domicile d'un négociant de Paris, supposent toujours un engagement moral d'expédier le montant ou la valeur de ces mêmes billets ou lettres de change.

Cet engagement moral balance l'engagement réel.

L'action étant réciproque, l'existence de ces deux sortes de papier n'influe en rien sur le solde de la balance entre Paris et les départements, dont l'aperçu doit résulter du rapprochement de ce chapitre avec celui qui suit.

S'il arrive que ce papier soit sans preneurs, les manu-
facturiers et les négociants sont sans argent.

Si ce papier est recherché, le manufacturier ou le négociant accrédité n'a d'autres bornes, pour se procurer du
numéraire, que celles de ses besoins ou de l'emploi qu'il
en peut faire.

Le bénéfice que le papier sur Paris procure à celui qui
en est le propriétaire, est pour la Banque la *garantie* la
plus assurée contre la sortie de son numéraire.

Une différence de vingt à trente jours entre un capital à
Paris ou dans une autre ville de l'Empire, est plus que
suffisante pour qu'il n'y ait aucun déplacement de numéraire de la capitale au profit de la province.

Si le papier sur Paris supporte une perte égale au prix du
transport des especes, le numéraire de la Banque est à la
disposition des provinces.

CHAPITRE III.

Paris créancier des provinces.

La capitale d'un Empire est créanciere des provinces de la portion du revenu public dont l'emploi doit être fait dans son sein.

La presque totalité des revenus publics est représentée par les obligations des receveurs chargés d'en faire le recouvrement.

Ces obligations sont acquises par la Banque, par les capitalistes habitants de Paris, ou remises par le gouvernement entre les mains de l'établissement chargé de les négocier ou d'en faire le recouvrement.

Paris, propriétaire futur d'une partie du produit des contributions publiques, exerce sur les provinces une action première pour l'ensemble de ces mêmes contributions.

Paris expédie dans les provinces, les divers produits de ses manufactures, les marchandises étrangeres dont il est l'entrepôt : il est créancier direct des provinces pour la valeur de ces objets.

Le commerce et les affaires attirent journellement à Paris un grand nombre d'habitants des provinces.

L'homme riche du produit de ses propriétés dans les diverses provinces de l'Empire, aime à faire dans la capitale l'emploi de ses revenus.

Les dépenses, les largesses, et les frais d'administration d'un gouvernement dans le lieu de sa résidence, augmentent en proportion de l'accroissement du revenu public et de l'étendue de l'Empire.

La présence du souverain attire et fixe le numéraire.

Paris, capitale de l'Empire, lieu de la résidence du gouvernement, doit atteindre au plus haut degré de prospérité.

Paris, réduit au revenu des propriétés que ses habitants peuvent avoir dans les provinces, et au produit de ses manufactures, verroit le terme de son existence.

CHAPITRE IV.

Banque de France. Ses rapports avec les départements.

Les maisons de banque et les maisons de commerce du premier ordre, établies sur les diverses places de l'Empire, en soldant la balance de leurs rapports commerciaux, deviennent les *agents* immédiats de la balance générale.

La Banque de France, par ses correspondants sur chacune des places chefs-lieux des départements, et en conséquence de l'action qu'elle exerce, par l'entremise de ces mêmes correspondants, sur tous les départements de l'Empire, en raison des sommes dont elle fait opérer le recouvrement, *doit être le premier agent* de la balance générale.

La compensation est le mode qui devroit être adopté par la Banque pour l'établissement de cette balance.

Le solde d'un compte par compensation évite l'emploi du numéraire.

Une opération qui rend inutile l'intervention du signe
est un grand moyen d'aisance et de prospérité.

L'aisance publique commence là où finit le besoin.

Eviter l'emploi ou diminuer le besoin d'un objet qui
représente la propriété, ou bien augmenter la quantité
de ce même représentant, sont deux opérations égales
entre elles pour le résultat.

Ces principes recevront leur application, si les opérations
de la Banque de France sont dirigées de maniere à ce que
le transport du numéraire d'une province à la capitale,
ne puisse avoir lieu que dans le cas où la compensation seroit devenue impossible.

La compensation des sommes pour lesquelles la capitale
est créanciere des provinces, avec celles dont les provinces peuvent être à leur tour créancieres de la capitale,
ne peut être directe; c'est-à-dire qu'elle ne peut avoir lieu
par le simple jeu des écritures, comme elle s'établiroit
entre deux maisons de commerce.

Le grand nombre des intéressés rend nécessaire une

double opération, au moyen de laquelle les titres réciproques auront passé des mains du créancier dans celles du débiteur.

L'agent de la Banque, dans l'un des chefs-lieux des départements, fera l'encaissement des valeurs qui lui auront été adressées. Cette premiere opération mettra entre les mains de la province le titre qui constituoit la créance de la capitale.

La somme, encaissée par ce même agent de la Banque, sera employée à fournir la valeur du papier sur la capitale en circulation dans cette même province. Cette seconde opération rendra la compensation *effective*.

Si la province sur laquelle la Banque fait exercer un recouvrement, a fait l'emploi de son papier sur la capitale, la compensation ne peut plus avoir lieu.

Dans ce cas, le déplacement est inévitable; mais si, dans un rayon peu étendu, il existe une place qui offre encore des valeurs sur la capitale, c'est sur cette place que l'expédition du numéraire doit être dirigée.

La capitale n'a droit au numéraire des provinces qu'après avoir absorbé les titres sur elle-même que les provinces pourroient posséder; qu'après avoir enlevé aux provinces, le pouvoir de lui faire, à leur tour, une demande d'especes.

CHAPITRE V.

Rapport de l'opération qui vient d'être indiquée, avec l'usage anciennement établi à Lyon.

Le systéme de compensation, dont l'application vient d'être indiquée, comme pouvant exister entre la capitale et les provinces, par l'intermédiaire de la Banque de France et de ses Agents dans les départements, n'est autre que le développement du mode d'après lequel la ville de Lyon effectuoit ses paiements durant le cours de sa grande prospérité.

Il n'existoit de déplacement de numéraire entre les négociants de cette place, que la quantité nécessaire au paiement du solde de la balance.

L'industrie des habitants de cette ville la rendoit créanciere de l'Europe. **Le numéraire dont elle auroit pu, cha-**
que année, grossir son capital, recevoit promptement une
destination ; le mode de paiement que ses habitants avoient
eu la sagesse d'adopter, la dispensoit presque entièrement
du besoin et de l'emploi du signe.

Une quadruple liquidation à opérer chaque année (1),
pourroit peut-être ne pas s'accorder avec la nature des
opérations auxquelles cette place s'est livrée depuis cette
époque ; mais il n'en est pas moins de toute vérité, que son
mode de paiement par compensation, a été l'une des causes
principales de la prospérité, à laquelle cette ville étoitpar-
venue.

Ce système, présenté sur un nouveau plan, n'est donc
que l'application d'une idée simple dont le bienfait est déja
consacré par l'expérience.

(1) La balance, ou le réglement des comptes entre les négociants, avoit lieu
quatre fois par an.

CHAPITRE VI.

Rapprochement de ce qui a été dit dans le cours des chapitres I, II et III de cet ouvrage, avec le système d'opérations
qui vient d'être indiqué.

Le Chapitre 1ᵉʳ a été employé à démontrer la nécessité
de maintenir l'équilibre du numéraire, et à indiquer les
inconvénients attachés à une opération qui donneroit lieu
à un double déplacement d'especes.

Le Chapitre II a présenté le cours du papier sur Paris
dans les provinces, comme étant la mesure de l'aisance
publique, et de la garantie, en faveur de la Banque, contre
la sortie du numéraire de l'enceinte de la capitale.

Le Chapitre III a présenté Paris comme étant créancier
des départements, par le fait de la résidence du Souverain
et du Gouvernement.

Ce qui a été dit dans les Chapitres précités, est parfaitement d'accord avec le système d'opérations qui vient d'être développé. Tout le bien qui avoit été indiqué, dans le cours des Chapitres premier et deuxieme, est le résultat immédiat de l'exécution de ce même système.

Une compensation continuelle, est en opposition avec l'idée d'un transport de numéraire qui ne scroit pas indispensable pour l'établissement de la balance.

Le papier sur Paris, continuellement absorbé dans les provinces, est valeur numéraire pour le négociant accrédité qui en est le porteur.

La balance des rapports de Paris avec les départemens devant présenter un solde en faveur de la capitale, l'agent principal de cette même balance, *la Banque*, aura la faculté de régler, dans les provinces, le cours du papier sur Paris.

L'aisance générale est donc le premier bienfait que produiroit l'éxécution du plan qui vient d'être présenté; mais la richesse publique doit succéder rapidement à ce premier avantage. Le Chapitre qui suit va développer les circonstances, qui doivent amener ce résultat.

CHAPITRE VII.

Billet de Banque en circulation dans les départements.

Le billet de banque, en circulation dans l'enceinte de la ville où existe l'établissement qui en est le débiteur, est considéré comme numéraire.

Cette valeur numéraire attachée au billet de banque, résulte de l'extrême facilité de sa conversion en especes, par la proximité du lieu où il peut être échangé.

Le billet de banque, en circulation dans les départements, auroit perdu sa qualité de numéraire ou de représentant immédiat de numéraire, par l'effet de la distance qui existeroit entre le lieu où il auroit cours, et celui où il pourroit être converti en valeur effective.

Le billet de banque, en circulation à cent lieues de la capitale, seroit considéré comme un effet sur Paris, payable au porteur et à vue, dont la Banque seroit le débiteur.

Ce rapprochement du billet de banque avec un effet de commerce payable comme lui-même dans l'enceinte de la capitale, l'assimile dans les provinces aux cours et aux chances qu'éprouve le papier sur Paris.

S'il résulte de l'action qui seroit imprimée au cours de ce papier, un excédent de valeur contre le numéraire lui-même, l'équilibre est rompu en faveur des billets de Banque; des portions de leur masse doivent se détacher journellement du porte-feuille de la Banque, et s'étendre dans les départemens.

Dès l'instant où l'action est plus forte que la résistance, les moyens d'équilibre sont recherchés en raison de la difficulté de les obtenir.

Dans les rapports des provinces avec la capitale, le papier sur Paris étant le seul moyen d'équilibre ou de résistance, concurremment avec le déplacement du signe, la valeur de ce papier éprouveroit une augmentation progressive, en raison de la rareté et de la distance qui existeroit entre la capitale et la province sur laquelle l'action seroit exercée.

CHAPITRE VIII.

L'excédent de valeur attaché au papier sur Paris, peut être fixé
par la Banque.

Le prix du transport, des provinces à Paris, étant à la
charge de la Banque, par la nature des recouvrements
qu'elle est dans le cas d'opérer, la limite de l'excédent de
valeur, attaché au papier sur Paris, seroit à sa disposition.

Si le cours du papier sur Paris s'élevoit au-delà des bases
que la Banque auroit fixées à ses Agents, la balance s'établiroit par le déplacement des especes.

CHAPITRE IX.

Rapprochement de la perte qui résulte pour la Banque, du retard
dans la rentrée de son capital, avec le coût du transport.

Les frais de transport d'une somme de 1000 fr. en numéraire, pour une distance de cent lieues, sont une dépense

3

effective de 6 fr., en y comprenant les frais de sac, em-
ballage, etc.

En prenant pour base du calcul des intérêts, celui que
la Banque perçoit elle-même sur les effets qu'elle admet
à l'escompte, l'emploi de cette somme de 6 fr. est en rapport avec une perte d'intérèt de trente-cinq jours.

A ce nombre de jours, il convient d'ajouter la perte du
temps employé à l'expédition, et celui qui s'écoule pendant
la durée du déplacement.

Le laps de temps nécessaire pour un déplacement de
cent lieues, est au moins de sept jours.

Ce nombre de jours, ajouté à celui qui balance le coût du
transport, forme un total de quarante-deux jours.

Ce nombre de quarante-deux jours est donc en balance
avec la perte qui résulte, pour la Banque, d'une expédition d'especes, qui lui seroit faite d'une ville éloignée de
cent lieues de la capitale.

Un effet sur Paris, payable dans quarante-deux jours

après celui auquel l'expédition en seroit faite, est pour la Banque, en rapport parfait avec les frais auxquels auroit donné lieu le déplacement d'especes.

Dans ce rapprochement, le calcul moral des risques qui sont la suite d'un déplacement d'especes, a été entièrement négligé.

La perte qui résulte du retard dans la rentrée du capital, a été établie comme si elle étoit un déboursé effectif pour la Banque.

Le coût du transport est, pour la Banque, un déboursé réel : le retard qu'elle éprouve dans la rentrée d'un capital, seroit pour elle une simple diminution sur la somme dont elle pourroit faire l'emploi, si la Banque avoit à cet égard d'autres bornes que celles de son crédit.

La perte, qui résulte pour la Banque, d'un retard plus ou moins prolongé dans la rentrée de son capital, est donc presque entièrement nulle, et ne doit être comptée pour rien, dans l'exécution d'un système d'opérations, qui lui fournit les moyens de porter l'émission de ses billets à une quantité hors de tout rapport avec la somme que jusqu'à ce moment, elle a pu soutenir en circulation.

CHAPITRE X.

Obligations des Receveurs-Généraux.

Le systême d'opérations, que tout ce qui a été dit dans le cours de cet ouvrage tend à développer, repose sur la force et la continuité de l'action de la Banque sur les provinces.

Le titre de cette action est l'obligation des Receveurs-Généraux.

L'obligation des Receveurs-Généraux est en conséquence le principal agent de l'influence que la Banque peut exercer sur les provinces.

La possession de cet agent, ou de ce titre, est donc indispensable pour l'exercice de cette influence.

S'il existe unité dans la possession de ce titre, et que cette unité soit au profit de la Banque, le succès de ses opérations ne dépendra plus que de la maniere dont elles seront conduites.

S'il existe division dans la propriété de ce titre, ou du moins dans le droit d'exercer l'action qui en est le résultat, le succès des opérations de la Banque, sera subordonné à une double influence.

Si le partage existe en faveur d'un établissement indépendant de la Banque, et qui opere en *sens inverse* du systême qu'elle auroit adopté, tous ses efforts pour faire le bien se réduiront à empêcher le mal ou du moins à le balancer.

Le partage, dans la faculté de diriger l'emploi des obligations des Receveurs-Généraux, est un vice, par cela même qu'il rompt l'unité d'action.

La Banque doit être le point central de toutes les opérations financieres et commerciales. Tout ce qui est

propre à donner de l'activité au jeu de ses opérations;
tout ce qui peut augmenter son influence sur le cours du
papier sur Paris dans les provinces, doit rentrer dans ses
attributions, et faire partie du cercle de ses rapports.

CHAPITRE XI.

Opposition entre le système développé dans les Chapitres qui
précedent, et celui d'après lequel la Banque dirige ses opérations.

*L*A Banque a considéré jusqu'à ce moment l'obligation
*des Receveurs-Généraux, comme un moyen d'attirer le
numéraire des provinces.*

Cette valeur est continuellement présentée, dans le
cours de cet exposé, comme un moyen d'équilibre entre la
capitale et les provinces.

*La base du système d'après lequel opere la Banque
de France, est l'attraction permanente du numéraire.*

L'attraction du papier sur Paris seroit substituée à celle du numéraire.

La Banque, en retirant sans interruption le numéraire des provinces, laisse le papier sur Paris sans emploi.

La compensation entre Paris et les provinces est continuellement présentée comme un grand moyen d'aisance et de prospérité.

La Banque, en attirant à elle le produit, en numéraire, des obligations des Receveurs-Généraux, rend Paris débiteur des provinces ; se met dans l'impossibilité de compter sur sa réserve, et conséquemment de faire emploi de son crédit.

Le cours élevé du papier sur Paris dans les provinces, la circulation du billet de Banque dans ces mêmes provinces, suite présumée de ce premier résultat, sont le double but de toutes les opérations en accord avec ce système.

La Banque, par l'emploi qu'elle assigne au produit de l'obligation des Receveurs-Généraux, dirige contre elle-même l'action de cet agent.

L'obligation des Receveurs-Généraux, par l'emploi qui seroit assigné à son produit, devient l'agent principal de la prospérité de la Banque.

D'après le système adopté par la Banque, le numéraire en déplacement continuel, se montre à chaque instant, et n'est la propriété de personne.

Dans l'exécution du système qui vient d'être développé, il n'y auroit de numéraire en déplacement, que celui qui seroit employé au paiement du solde de la balance.

CHAPITRE XII.

Rapprochement de deux opérations différentes qui tendroient au même but.

Si la Banque, par le concours de diverses circonstances contraires au système de ses opérations, se trouvoit dans l'impossibilité de soutenir en circulation la masse de billets déja existante hors de son porte-feuille, leur rentrée seroit la suite et la conséquence de l'encaissement journalier des valeurs dont l'admission auroit été la cause et l'occasion de la sortie de ces mêmes billets.

Si parmi ces valeurs il en étoit dont l'échéance fut reculée au-delà des limites ordinaires, et qui, par leur nature, fussent dans le cas d'être payées hors de l'enceinte de la capitale, la négociation devroit en être faite, par les intermédiaires de la Banque, sur les diverses places où le paiement en seroit indiqué, et le produit employé sans délai à l'acquisition du papier sur Paris.

4

En enlevant à la province le titre de son action sur la capitale (le papier sur Paris), la Banque obtient la meilleure garantie qu'elle puisse avoir contre la sortie du numéraire de ses caisses.

L'action des habitants de la capitale sur le numéraire de la Banque est toujours nulle, lorsqu'elle n'est pas déterminée par l'impulsion des négociants des autres places.

C'est par une opération ainsi dirigée que le mal seroit arrêté à sa source même. Lorsque la cause est détruite, l'effet actif ne peut plus exister.

Dans une position semblable à celle qui vient d'être décrite, extraire du numéraire des *provinces*, pour parer au remboursement des billets *à Paris*, c'est abandonner la campagne pour livrer bataille à sa porte.

C'est attendre que l'ennemi soit réuni pour le combattre, tandis qu'une disposition de forces un peu mieux combinée, lui eût ôté la possibilité et même l'idée de se montrer.

Une opération de ce genre seroit la cause du mal. Cher-

cher à guérir le mal, par la cause qui l'a produit, c'est attendre le mieux de l'excès du mal.

~~~~~~

CHAPITRE XIII.

L'intérêt particulier assure l'exécution de ce plan.

En admettant que la Banque fût exclusivement chargée de diriger l'emploi des obligations des Receveurs-Généraux, l'action de cet établissement sur les provinces seroit soumise à l'influence des opérations particulieres des négociants qui, concurremment avec la Banque, auroient un recouvrement ou une action à exercer.

Dans l'exécution d'un système en opposition avec l'intérêt particulier de chacun des membres de la société, les difficultés se présentent à chaque instant, et semblent se multiplier par elles-mêmes.
~~~~~~

(28)

Alors un moyen extraordinaire doit succéder à un autre moyen également extraordinaire : la force doit toujours succéder à la force ; la moindre interruption ou une contrariété imprévue, compromet l'existence d'un établissement qui auroit dirigé ses opérations d'une maniere aussi opposée à ses véritables intérêts.

Tout change de nature, si l'intérêt de tous en particulier est d'accord avec le but que s'est proposé l'établissement directeur de l'emploi d'une partie de la fortune publique : tel est l'avantage du système présenté dans le cours de cet ouvrage, que son exécution est le résultat spontané des efforts communs ; qu'il s'établit par le seul effet du jeu de l'équilibre, et qu'il ne peut être détruit que par l'emploi d'une force supérieure à la résistance particuliere de chacun des membres de la société.

Les négociants des provinces, débiteurs de la capitale, ont toujours balancé leur compte par l'emploi du papier de commerce, et c'est seulement dans le cas d'impossibilité de se procurer des effets de cette nature, qu'ils ont soldé par déplacement d'especes.

La Banque, en réglant le cours de ses opérations de manière à ne jamais se trouver en opposition avec la masse des intérêts particuliers, peut obtenir les résultats les plus favorables à sa prospérité.

En adoptant une marche contraire, le produit de son capital, et le bénéfice résultant de l'émission de ses billets, seront employés à solder les agents et les instruments de la force qu'elle aura mise en action, sans autre résultat que celui d'avoir établi une lutte continuelle entre deux puissances.

CHAPITRE XIV.

Objection prévue.

La consommation journalière des habitants de la capitale exige un emploi considérable d'especes.

Les marchands forains, qui chaque jour font transporter et accompagnent à Paris les objets nécessaires à l'existence des habitants de cette cité, quittent le soir la capitale, emportant avec eux, en especes, la valeur des denrées dont ils ont opéré la vente.

La somme de numéraire qui chaque jour est enlevée de la capitale, en échange de ces objets, est appréciée comme devant s'élever à 3oo,ooo fr. (1).

Cette dépense, ou sortie journaliere d'especes en 3oo,ooo fr., sembleroit nécessiter de la part de la Banque l'extraction journaliere des provinces, d'une somme équivalente.

Le chapitre III de cet ouvrage a offert l'aperçu des diverses circonstances dont le concours assure à Paris, capitale de l'Empire, et en cette qualité, une balance en sa faveur dans ses rapports avec les départements.

Ce fait reconnu, une sortie de numéraire de la capitale,

(1) Cette masse d'écus, qui semble exorbitante, cessera de le paroître, si elle est répartie sur les 7oo,ooo habitants qui ont dû contribuer à la former.

Cette somme de 3oo,ooo fr., divisée par 7oo,ooo, ou répartie sur 7oo,ooo individus, présente un quotient de 43 centimes pour chaque consommateur.

si elle n'est pas devenue nécessaire par une opération an-
térieure qui déja eût rompu l'équilibre, augmente l'action
de Paris sur les départements, en raison du montant de la
somme dont l'extraction aura été faite.

Le résultat immédiat de cette augmentation de force,
ajoutée à l'action de Paris sur les départements, sera d'in-
fluer encore sur l'excédent de valeur déja assigné au papier sur Paris, comme étant un moyen d'équilibre.

Un capital à Paris aura sur la même somme, dans une
autre ville de l'Empire, un excédent de valeur propor-
tionné au bénéfice dont le papier sur la capitale jouiroit
dans cette même ville.

Il y aura donc avantage positif à se trouver propriétaire
d'un capital à Paris, au lieu d'avoir ce même capital à sa
disposition, dans une autre ville de l'Empire.

Cette circonstance influera sur les opérations de commerce, de maniere à ce que l'industrie sera sans cesse
appliquée à attirer ou à fixer à Paris le numéraire des départements. Tels seroient la force et le résultat de ce

concours d'efforts communs, que la Banque se verroit peut-être forcée d'expédier du numéraire dans les provinces pour soutenir le cours de ses billets, à moins qu'elle n'abandonnât au commerce le soin de rétablir l'équilibre que lui-même il eût rompu.

CHAPITRE XV.

Facilité dans l'exécution du plan proposé. Aperçu des avantages qu'il présente.

La circulation des effets de commerce est indépendante de la distance qui en sépare le porteur, du lieu où le paiement doit être fait.

La dénomination du billet de Banque est la définition de sa nature.

Une promesse de payer, souscrite par le premier établissement de Banque de l'Empire, est un papier de commerce par excellence.

Cinquante millions de capital effectif appuient sa circu-

lation, et lui servent d'hypothèque ou de garantie, indé-
pendamment du titre ou de l'engagement en échange du-
quel il a été remis.

La valeur du billet de Banque, en circulation aux extrémités de l'Empire, seroit donc appréciée, sans égard à la
distance qui pourroit exister entre le porteur, et l'établissement qui l'auroit souscrit ; son cours ne sauroit être dé-
terminé que par la position commerciale et financiere des
provinces ou départements avec la capitale, et seroit con-
fondu avec celui des effets de commerce, payables à Paris,
et à vue.

Un léger avantage obtenu par le négociant des provinces qui, le premier, se trouveroit possesseur du billet
de Banque, éveilleroit l'industrie sur la possibilité de se
procurer un bénéfice semblable, ou plus considérable
encore.

L'imitation est naturelle à tous les hommes : une opération qui auroit eu ce résultat, seroit bientôt aperçue et
appréciée par un autre négociant. Un troisieme la tente-
roit aussi ; et enfin l'industrie de tous seroit appliquée à

rechercher les moyens de se procurer un représentant du signe, qui souvent offriroit un bénéfice, en échange du signe lui-même.

La faculté, qu'auroient les porteurs du billet de Banque, d'en recevoir la valeur nominale chez l'Agent de la Banque, établiroit, par le fait, autant de succursales ou caisses d'échange, qu'il existe de places, chefs-lieux de départemens ; mais il seroit à propos de repousser le billet de Banque dans la circulation, en lui assignant une valeur un peu moins considérable que celle qui seroit attachée au papier sur Paris ou effets ordinaires de commerce.

Le papier sur Paris, dont l'échéance seroit reculée de quarante jours (1), seroit reçu par l'Agent de la Banque, sans aucune perte pour le négociant qui lui en feroit la cession.

Le paiement du billet de Banque ne peut souffrir d'autre retard, que le temps nécessaire au transport. Il est payable au porteur et à vue.

(1) Ce nombre de jours est en rapport avec les frais du déplacement des especes pour une distance de cent lieues.

(35)

Malgré cette circonstance, ce même billet ne jouiroit pas, auprès de l'Agent de la Banque, d'un avantage plus considérable que l'effet de commerce dont l'échéance vient d'être désignée.

Les négociants auroient donc intérêt à conserver les billets de Banque, pour leurs opérations hors de leurs rapports avec l'Agent de cet établissement, et à présenter, de préférence, à ce dernier, le papier sur Paris ou effets de commerce, autres que le billet de Banque.

Cette circonstance devroit nécessairement contribuer à éloigner l'époque de sa présentation à la caisse d'échange, en l'attirant au centre commun, par une voie moins directe que celle de l'intermédiaire de l'Agent de la Banque elle-même.

La garantie de la Banque, contre la présentation de ses billets à sa caisse d'échange, augmenteroit en proportion de l'étendue sur laquelle la circulation en seroit établie, et en raison de la distance qui existeroit entre le centre et les extrémités de cette même étendue.

Cette augmentation de garantie que la Banque auroit

acquise, par l'éloignement où elle se trouveroit des porteurs
de ses billets et la grande surface sur laquelle le jeu de ses
opérations seroit établi, lui permettroit de porter leur émission à une quantité en rapport avec les besoins de l'ensemble du commerce de l'Empire.

Le négociant ou le manufacturier des départements,
qui, par la direction qui a été donnée, jusqu'à ce moment,
au produit de l'obligation des Receveurs-Généraux, se trouvoit à la discrétion des capitalistes, se procureroit avec
facilité la négociation de son papier, ou de la lettre-de-
change qu'il consentiroit à diriger sur la capitale. Le crédit
deviendroit une richesse effective, ou du moins seroit un
moyen d'augmenter la fortune réelle, et le papier sur Paris,
l'aliment naturel du porte-feuille de la Banque, reparoî-
troit de nouveau dans la circulation.

C'est ainsi que dans l'exécution de ce système, un avantage est toujours immédiatement suivi d'un autre avantage.

Le porte-feuille de la Banque seroit bientôt la mesure

des transactions commerciales de tout l'Empire, et du produit des contributions pendant une partie de l'année.

Les petits canaux du corps politique seroient pleins du signe effectif nécessaire aux détails de la consommation.

Les opérations majeures auroient un moyen d'échange par-tout abondant.

Tous ces avantages doivent s'accumuler avec rapidité, et rien ne semble devoir s'opposer à leur réunion, tant l'exécution du système qui les aura produits, paroît simple et facile à diriger.

RÉSUMÉ.

Dans le cours de cet ouvrage,

IL A ÉTÉ DÉMONTRÉ,

Qu'un déplacement de numéraire, dans l'intérieur de l'Empire, étoit une atteinte réelle à l'aisance publique, pendant le temps de la durée de ce même déplacement.

Que ce déplacement ne devoit avoir lieu que dans le cas où il seroit indispensable, pour obtenir l'établissement de la balance.

Que la Banque, en faisant transporter à Paris le numéraire des provinces, hors le cas qui vient d'être désigné, donnoit lieu à un double déplacement d'especes, des provinces à la capitale, et de cette derniere ville aux places d'où l'extraction en avoit été faite.

Que, par le résultat de cette opération, le papier sur Paris, qui s'offre naturellement comme moyen de transport, *sans frais*, du numéraire, des provinces à la capitale, se trouvoit sans emploi, et supportoit, lui-même, une perte égale *aux frais* du transport de son produit de Paris aux départements, que le premier déplacement avoit rendu nécessaire.

Que la conséquence de ce premier résultat, étoit d'assigner à un capital, hors l'enceinte de Paris, un excédent de valeur sur la même somme qui eût été dirigée sur cette derniere place.

Que, sous ce double rapport, cette mesure étoit en opposition avec l'intérêt de la Banque, puisqu'elle tendoit à donner à l'industrie, une direction dont la conséquence étoit la sortie continuelle du numéraire de l'enceinte de la capitale.

Que le numéraire étant destiné, par l'emploi qui lui est assigné dans la société, à éprouver un mouvement continuel, son affluence, dans la capitale devoit être le résultat des efforts communs, dirigés par l'intérêt particulier.

Que la Banque devoit régler ses rapports avec les départemens de maniere à ce qu'un capital, à Paris, offrît un excédent de valeur, sur la même somme, dans toute autre place de l'Empire.

Que cet excédent de valeur qu'obtiendroit un capital à Paris, sur pareille somme dans toute autre place de l'Empire, seroit un grand moyen d'attirer et de fixer à Paris le numéraire des provinces, sans l'emploi d'aucune force extraordinaire.

Que ce résultat seroit la conséquence immédiate de la

direction que la Banque assigneroit au produit des recouvrements qu'elle fait opérer sur toutes les places chefs-lieux
des départements.

Que le produit des recouvrements opérés pour le compte
de la Banque, devoit être employé à retirer des provinces
tout le papier sur la capitale, en circulation dans ces mêmes provinces.

Que cette opération établiroit une balance par compensation, entre Paris et les départements, par l'intermédiaire de
la Banque et de ses Agents ou correspondants, sur chacune
des places chefs-lieux des départements de l'Empire.

Que cette balance par compensation rendoit inutile l'intervention du numéraire, ou du moins en bornoit l'emploi
au paiement du solde.

Qu'une opération qui rend inutile l'intervention du numéraire, ou qui en rend l'emploi presque nul, est un grand
moyen d'aisance et de prospérité.

Que ce mode d'établir la balance, anciennement adopté

par la ville de Lyon, étoit la cause premiere de la prospérité à laquelle cette place étoit parvenue.

QUE la Banque, par la nature des recouvrements qu'elle
fait opérer, doit supporter les frais du transport du numéraire, des départements à la capitale.

QUE le papier sur Paris, étant destiné à remplacer, *sans
frais*, ce même transport, devoit obtenir un *excédent de
valeur* sur le numéraire lui-même, égal *aux frais* qui
sont la suite du déplacement du signe effectif.

QUE la balance entre Paris et les départements, devant
toujours présenter un solde en faveur de la capitale,
comme étant la résidence du Souverain et du Gouvernement, le papier sur Paris, considéré comme moyen de
transport ou de compensation, devoit toujours conserver
l'excédent de valeur qui vient d'être indiqué.

QUE le billet de Banque, hors de l'enceinte de la capitale, *est esssentiellement un effet sur Paris*, payable au
porteur et à vue.

QUE s'il existe un avantage à être possesseur d'un effet

de commerce payable dans l'enceinte de la capitale, le
le billet de Banque, *papier sur Paris par le fait,* doit
être recherché dans les provinces en proportion du bénéfice que présenteroit le change de ce premier papier.

Que dès l'instant où le billet de Banque, *considéré
comme papier sur Paris,* offriroit un avantage sur le
numéraire lui-même, les opérations de commerce et de
Banque, seroient dirigées de maniere à étendre sa circulation, sur tous les points de l'Empire.

Que les sommes à la disposition de la Banque, dont l'em-
ploi dans les provinces déterminoit *le cours du papier sur
Paris,* étoient le produit des obligations des Receveurs-
Généraux.

Que *l'influence* de la Banque, *sur le cours de ce papier,*
seroit en proportion de la masse des obligations des Receveurs-Généraux, dont elle auroit la propriété ou la direction.

Qu'une division dans la faculté de diriger la négociation
de ces valeurs, le change ou transport de leur produit, étoit

un vice, par cela même qu'elle rompoit l'unité dans le pouvoir de faire le bien.

Que la Banque devoit être le point central de toutes les opérations commerciales et financieres de l'Empire.

Et enfin, que la *libre* circulation du billet de Banque sur toute l'étendue de l'Empire, devoit être le résultat des moyens que le Gouvernement mettroit à la disposition de cet établissement, et de la maniere dont la Banque en régleroit l'emploi dans ses rapports avec chacune des places chefs-lieux des départements.

FIN.